em neu

Hauptkurs

Deutsch als Fremdsprache
Prüfungstraining telc Deutsch B2

Susanne Schwalb

W0214939

Hueber Verlag

QUELLENVERZEICHNIS

S. 6/7: Text 2 aus: Spiegel spezial 3/1995; Text 3 aus: ADAC Motorwelt 11/1996; Text 5: © Bernadette Calonego, Zürich S. 8: Text von Jörg Fey, © Susanne Fey, Lüdenscheid S. 15: Hörtext: Interview mit Heidemarie Schwermer „Lernen von den Alten" aus: www.jetzt.de 2001 © Johanna Adorján, Berlin S. 17: Abbildung Notebook: © Courtesy of Dell Inc. S. 18/19: Text von Cathrin Kahlweit aus: SZ vom 14. 02. 2007 © DIZ München

Wir haben uns bemüht, alle Inhaber von Textrechten ausfindig zu machen. Sollten Rechteinhaber hier nicht aufgeführt sein, so ist der Verlag für entsprechende Hinweise dankbar.

Das Werk und seine Teile sind urheberrechtlich geschützt. Jede Verwertung in anderen als den gesetzlich zugelassenen Fällen bedarf deshalb der vorherigen schriftlichen Einwilligung des Verlags.

Hinweis zu § 52a UrhG: Weder das Werk noch seine Teile dürfen ohne eine solche Einwilligung überspielt, gespeichert und in ein Netzwerk eingespielt werden. Dies gilt auch für Intranets von Firmen und von Schulen und sonstigen Bildungseinrichtungen.

3. 2. 1. | Die letzten Ziffern
2012 11 10 09 08 | bezeichnen Zahl und Jahr des Druckes.
Alle Drucke dieser Auflage können, da unverändert, nebeneinander benutzt werden.
1. Auflage
© 2008 Hueber Verlag, 85737 Ismaning, Deutschland
Umschlaggestaltung: Marlene Kern, München
Druck und Bindung: Druckerei Auer, Donauwörth
Printed in Germany
ISBN 978-3-19-161695-3

INHALT

Übungstest

Mit diesem Übungstest können Sie
- feststellen, was genau in der Prüfung *telc Deutsch B2* verlangt wird,
- sich selbst testen und Ihren Leistungsstand einschätzen,
- sich mithilfe von Tipps gezielt auf die Prüfungssituation vorbereiten.

Prüfungsaufgaben	Seite
Leseverstehen 1	**5**
Leseverstehen 2	**7**
Leseverstehen 3	**9**
Sprachbausteine 1	**12**
Sprachbausteine 2	**13**
Hörverstehen 1	**14**
Hörverstehen 2	**14**
Hörverstehen 3	**15**
Schriftlicher Ausdruck	**16**
Mündlicher Ausdruck *Teil 1: Präsentation*	**18**
Mündlicher Ausdruck *Teil 2: Diskussion*	**18**
Mündlicher Ausdruck *Teil 3: Problemlösung*	**19**

Transkriptionen/Lösungen	Seite
Transkription *Hörverstehen 1*	**20**
Transkription *Hörverstehen 2*	**20**
Transkription *Hörverstehen 3*	**22**
Lösungen	**23**

Für die Prüfungsteile Leserverstehen und Sprachbausteine haben Sie insgesamt 90 Minuten Zeit, für das Hörverstehen ca. 20 Minuten und für den Schriftlichen Ausdruck 30 Minuten. Für den Mündlichen Ausdruck haben Sie 15 bis 25 Minuten Zeit, je nachdem, ob Sie mit einem oder mit zwei weiteren Prüfungskandidaten ablegen.

LESEVERSTEHEN 1

TIPP: *Markieren Sie, welche Überschrift auf den ersten Blick thematisch bzw. in Bezug auf die Stichworte zu welchem Artikel passt, z.B. zu Text 1 „Die Glotze lebt" und „Forscher warnen vor interaktivem Fernsehen". Prüfen Sie dann die Texte noch einmal genau daraufhin, welche der infrage kommenden Überschriften die Kernaussage des Textes trifft.*

Welche Überschrift passt am besten zu welchem Text? Lesen Sie zuerst die Überschriften (a–j), dann die Texte 1–5). Entscheiden Sie dann welcher Text am besten zu welcher Überschrift passt.

- a Die Glotze lebt
- b Medienkonsum steigt mit dem Alter
- c Der mühsame Weg zum Lesen und Schreiben
- d Sinkender Analphabetismus in Deutschland
- e Forscher warnen vor interaktivem Fernsehen
- f Schweizer adoptieren am häufigsten Kinder
- g Das digitale Klassenzimmer
- h GEFAHREN DURCH EXZESSIVE MEDIENNUTZUNG
- i Vorbereitung einer Klassenreise
- j Dorf sucht Kinder

1 ....

Gerade heute Morgen haben Sie den letzten Rest Zahnpasta aus der Tube gequetscht. Am Abend schalten Sie den Fernseher ein, und was flimmert da geballt über den Bildschirm? Werbung für Zahnpasta. Zufall? Im Konsumparadies der Zukunft vielleicht nicht mehr. Amerikanische Marktforscher wissen längst, dass eine Zahnpastatube durchschnittlich sechs Wochen hält. In der digitalen Welt von morgen hat die Supermarktkasse Ihren Einkauf registriert, als Sie mit Ihrer Chipkarte bezahlt haben, und exakt nach fünfeinhalb Wochen sorgt ein Computer der Handelskette dafür, dass Sie in Ihrem ganz persönlichen Fernsehprogramm mit entsprechender Werbung zugeschüttet werden. Zur gleichen Zeit wird Ihr Nachbar vielleicht via Bildschirm daran erinnert, dass sein Auto neue Reifen braucht.
Dieses Szenario präsentiert Robert Carberry, Chef der IBM-Multimedia-Tochter Fireworks, auf einem Symposium von Industriemanagern zum Thema „Fernsehen der Zukunft". Das Beispiel zeigt, dass es um mehr geht als um zusätzliche Kanäle, ein besseres Bild und digitale Techniken: Das Fernsehen der Zukunft bietet nicht nur 500 Programme, sondern ist auch interaktiv. Das Wort suggeriert die Abkehr vom passiven Fernsehkonsum. Der

Zuschauer als Akteur, der selbst darüber entscheidet, ob in seinem Film der Böse siegt oder der Held. Ob der Galan einen Kuss bekommt oder eine Ohrfeige. Ob der Dinosaurier die Zähne fletscht oder mit dem Schwanz wedelt. Jedem sein eigenes Programm.

2 ....

Der übermäßige Konsum des Mediums wird häufig auch als Fernsehsucht bezeichnet. Wer „fernsehsüchtig" ist, setzt sich bewusst der Überfülle des Medienangebots aus und schafft sich eine Ersatzwelt. Nach Angaben des Südwestrundfunks sind in Deutschland mehr als ein Viertel aller Zuschauer ab 14 Jahren, die täglich drei und mehr Stunden fernsehen, als „Vielseher" zu bezeichnen. Laut einer Studie sind Vielseher ängstlicher als Wenigseher, unabhängig davon, ob es sich um Erwachsene oder um Kinder handelt. Menschen, die im Fernsehen ständig ähnliche Verhaltensmuster angeboten bekommen, sind ärmer an Phantasie und auch stärker von konventionellen Stereotypen geprägt.
Untersuchungen bei Schülern haben gezeigt, dass der Umfang der Mediennutzung sozialstrukturell bedingt ist. Je höher die soziale Schicht, desto geringer der Fernsehkonsum. Die Menge des Fernsehkonsums steht im Zusammenhang mit der Fähigkeit der Familie, ihre Probleme in Gesprächen und gemeinsamen Handlungen zu lösen. Wird das Fernsehen in dem Sinne als Erziehungsmittel eingesetzt, dass man mit ihm belohnen oder bestrafen kann, so führt das bei Kindern zu einem höheren Fernsehkonsum; aus Mangel an elterlicher Liebe und Zuwendung sitzen die Kinder länger vor dem Bildschirm. Es besteht sogar ein direkter Zusammenhang zwischen Verhaltensstörungen bei Kindern und ausgedehntem Fernsehkonsum.

P

3 ....

Eine Frau steht in einem Schulzimmer der Volkshochschule Münster und grübelt lange hin und her. In der rechten Hand hält Karin R. unbeholfen ein kleines Stück Kreide. Dann setzt sie an und schreibt in tapsigen Bögen „Fkr" an die große Schultafel vor ihr. Kaum ist die Kreide abgesetzt, wandern ihre Augen fragend zu Peter Hubertus, der sich seit Jahren für Analphabeten engagiert und ihren Schreib- und Lesekurs leitet. Ruhig und geduldig wiederholt er, worum er seine Schülerin vor drei Minuten gebeten hatte: Schreib doch mal das Wort „Verkehr". Dabei „singt" er ihr mehrmals überdeutlich die Silben vor. Und siehe da: Beim zweiten Versuch klappt es besser, da bringt diese erwachsene Frau immerhin schon ein „Ferker" zustande.
Die sich da so schwer tut mit den Buchstaben ist Analphabetin. Noch vor kurzem konnte sie so gut wie gar nichts lesen und schreiben. Doch jetzt, nachdem sie seit einem guten halben Jahr bei Hubertus im Kurs zweimal wöchentlich an ihrem Problem arbeitet, ist das nicht mehr ganz so. Besonders beim Vorlesen, das sich so anhört wie der Leseversuch eines fortgeschrittenen Erstklässlers, zeigt Karin, dass sie schon viel gelernt hat.
Analphabeten – in Deutschland ein Tabu-Thema. Auch wenn Vertreter der Bonner Regierung „das hohe Bildungsniveau in der Bundesrepublik" preisen: Erwachsene, die keinen Wegweiser, keinen Zugfahrplan und keinen Strafzettel entziffern können, gibt es immerhin noch viel zu viele. Von bis zu vier Millionen wurde in der Presse schon spekuliert, das wären dann etwa genauso viele wie Inline-Skater.

4 ....

Kurz vor sieben Uhr, knapp eine Stunde bevor der Unterricht beginnt, wartet Claus-Peter Ahrens bereits ungeduldig vor dem Luisen-Gymnasium im Hamburger Stadtteil Bergedorf. Sobald der Hausmeister die Schulpforte geöffnet hat, stürmt der Oberschüler in den Computerraum und startet hastig einen der zwölf Rechner. Die Sekunden, bis der Computer hochgefahren ist, kann er kaum abwarten. Endlich erscheint auf dem Bildschirm, worauf er sich seit dem Aufstehen gefreut hat: Die neuesten Nachrichten, die Schüler aus der japanischen Hafenstadt Yokohama in die Mailbox – einen elektronischen Briefkasten – des Gymnasiums geschickt haben. Noch vor der ersten Unterrichtsstunde tippt Claus-Peter einige Antworten in den Rechner und jagt sie per Mausklick in Sekundenschnelle nach Asien. Nach dem Unterricht trifft er sich mit seinen Mitschülern von der Arbeitsgemeinschaft E-Mail. Immer wenn für die Schüler Unterricht per elektronischer Kommunikation auf dem Stundenplan steht (einmal pro Woche), sind die Hamburger Gymnasiasten über ein Datennetz mit Schulen in den USA, Kanada, Japan und Singapur verbunden. Bei dieser Gelegenheit diskutieren die Jugendlichen im virtuellen Klassenzimmer über Gewalt und Rassismus, schicken Aufsätze über Bevölkerungswachstum oder die Gefahr von Atomkraftwerken zu ihren Freunden ans andere Ende der Welt. „Mit dem Computer kannst du fremde Länder und Kulturen auf Knopfdruck kennenlernen," sagt Claus-Peter. Und gleichzeitig verbessern die Schüler auf spielerische Weise ihre Englischkenntnisse.

5 ....

ZÜRICH, 14. Dezember – Wenn die Einwohner des kleinen Schweizer Bergdorfes Binn in der Kirche „Ihr Kinderlein kommet" singen, dann meinen sie das auch. Denn die Zahl der Kinder nimmt dort immer mehr ab. Um diese Entwicklung zu stoppen, griffen die Behörden des 160-Seelen-Dorfes zu einem ungewöhnlichen Mittel. Sie setzten in allen Landesteilen eine Anzeige in verschiedene Zeitungen: Binn suche „eine oder mehrere Familien" mit volksschulpflichtigen Kindern, heißt es darin, sonst müsse die Schule geschlossen werden. Interessierte erhielten von der Kommune in der Touristenregion Goms dafür günstige Wohnungen und einige Teilzeitstellen. Man könne beispielsweise das Verkehrsbüro des Dorfes in einer unberührten geschützten Berglandschaft leiten oder im Hotel „Ofenhorn" arbeiten.
Diese Anzeigen seien schon eine ungewöhnliche Art, „zu Kindern zu kommen", räumt Beat Tenisch, Vorsteher der Kommune, ein. Doch schließlich gehe es um die Erhaltung der Volksschule. Wenn Binn nicht schnell noch mindestens ein Kind für die erforderlichen sieben Schüler finde, werde die Schule vom Staat aufgegeben.
Doch die junge Generation des Dorfes sei meist noch unschlüssig in Sachen Familienplanung, sagt der 44-jährige Gemeindepräsident, und die Frauen wollten eben möglichst lang berufstätig sein. Doch er ist guten Mutes, denn er hat einige Anfragen erhalten.

P

LESEVERSTEHEN 2

TIPP: ***Erstes Lesen – schnell und ganz***
Lesen Sie den Text in einem Zug durch. Unterstreichen Sie dabei Wörter, die für die Inhaltsaspekte „Auto abschaffen – Gründe, Vorteile, Probleme" wichtig sind. Halten Sie sich beim Lesen nicht mit einzelnen Wörtern auf, die Sie nicht verstehen.
Zweites Lesen – gründlich und gezielt
Arbeiten Sie jetzt gezielt mit den Aufgaben. Diese sind in der Reihenfolge des Textes angeordnet. Suchen Sie im Text die Stellen, mit denen Sie die Aufgaben lösen können. Nehmen Sie dabei Ihre Unterstreichungen zu Hilfe.

Lesen Sie zuerst den Text und lösen Sie danach die Aufgaben 6–10.

Abschied vom Auto

EINE FAMILIE BERICHTET

Um es gleich vorwegzunehmen: Wir sind weder „grüne Ökofreaks" noch romantische Träumer (wenigstens glauben wir das), wenngleich man uns in letzter Zeit häufig für verrückt erklärt hat. Wir sind eine Großfamilie aus einer Kreisstadt im Sauerland, fünf Kinder zwischen zwei und neun Jahren, Mutter (Grundschullehrerin a.D.) und Vater (Biologe, Oberstudienrat). Nach fünfzehn Jahren haben wir im März unseren Wagen abgeschafft.

Die Gründe für diesen einschneidenden Schritt waren: die Umweltzerstörung, besonders die Schäden durch Straßenbau und Straßenverkehr; der persönliche Einsatz im lokalen Naturschutz (so gegen Straßenneubauten); das endlose Gerede über Katalysator, Tempo 100 und autofreien Sonntag; eine Regierung, die die Umweltbelastung zwar sieht, aber nur darüber redet; und schließlich unser schlechtes Gewissen, das wir unseren Kindern gegenüber haben. Wir haben – wie wohl die meisten Deutschen – unseren Wagen nur für die Bequemlichkeit gebraucht: für den Weg zur Schule, zu den Großeltern, zum Einkaufen, für Kurzausflüge.

Seit wir ihn nicht mehr haben, sind wir ruhiger geworden. Keine Hektik mehr im Auto, keine schreienden und sich gegenseitig schlagenden Kinder mehr auf dem Rücksitz. Dafür haben wir bei unseren Ausflügen an den Wochenenden sehr häufig einen ganzen Linienbus für uns allein. Leider! Fahrten zur Schule lassen sich dank der hervorragenden Verbindungen gut mit dem Bus erledigen, wobei in der Anfangsphase der Herr Oberstudienrat mit Schlips und Anzug bei den Schülern Aufmerksamkeit erregte. (Ob der seinen Führerschein noch hat?) Während der täglichen Busfahrt erfahre ich inzwischen viele Schulneuigkeiten.

Von Nachbarn und Freunden kamen gespaltene Reaktionen: Unterschwellige Aggressionen fielen uns besonders auf. „Was soll das denn? Ihr seid wohl nicht ganz gescheit! Autos belasten die Umwelt nur ganz minimal. Schuld sind die Kraftwerke und vor allem die Flugzeuge." Andere fanden: „Das ist ja ganz nett, aber für mich kommt es nicht in Frage. Ich brauche das Auto." (Was wir bezweifeln, da keiner von ihnen Vertreter oder Selbstständiger ist.) Oder - auch von jungen Leuten: „Einer allein schafft keine Änderung, deshalb fahre ich weiter Auto, obwohl ich weiß, dass es umweltschädigend ist." Entschuldigungen für die eigene Bequemlichkeit und Inkonsequenz, Gewissensberuhigung!

Was mussten wir an unserem Alltag ändern? Wir brauchen mehr Zeit (besonders am Wochenende, wenn die Verbindungen schlecht sind) und kaufen woanders ein. Fahrten zum Großeinkauf beim Aldi-Markt sind nun nicht mehr möglich. Wir besorgen unsere Sachen jetzt am Ort, wobei die älteren Kinder tatkräftig mithelfen. Wir stärken den häufig vernachlässigten Einzelhandel unserer Stadt, dem die mobilen Kunden ja fernbleiben.

Ein Wort zur Wirtschaftlichkeit: Unsere scheckheftgepflegten Autos, die wir im Laufe der Jahre fuhren, waren immer teurer als in den Kostentabellen des Automobilclubs. Alles eingerechnet (Garage, Automobilclub, Haftpflicht, Steuern, Rechtsschutzversicherung, Reparaturen, Wartung, Pflegemittel, Benzin und Wertverlust) lagen wir bei rund 375 € pro Monat. Für Bus- und Bahnfahrten geben wir momentan zirka 125 € pro Monat aus.

Wir sind in den vergangenen Monaten noch kritischer und noch umweltsensibler geworden, nehmen in der Stadt mehr Belastungen wahr als vor unserem Verzicht. Wir sehen die wartenden, stinkenden und lärmenden Autos an den Kreuzungen mit anderen Augen als vorher, sind der Meinung, dass das Auto in der Stadt entbehrlich ist. Wir fragen uns, warum die umwelt- und menschenfreundlichen Bus- und Bahnnetze nicht ausgebaut werden. Es fahren zu wenige mit Bus und Bahn. Erst wenn mehr Menschen umsteigen, wird sich das Angebot verbessern. Die Verkehrsunternehmen sind gefordert, Bus und Bahn attraktiver zu machen (da gibt es viele Möglichkeiten). All die Natur- und Umweltschützer (wer ist das nicht?), die in der Stadt auf ihren Wagen verzichten können, sollten nicht länger zögern, dies auch zu tun. Wir sind froh, dass wir diesen Schritt vollzogen haben, und bereuen unseren Entschluss bis heute nicht.

Welche der folgenden Aussagen (a, b oder c) ist richtig? Kreuzen Sie an.

6 Die Familie, die ihr Auto abgeschafft hat,

ⓐ sieht sich als romantisch und verträumt.
ⓑ findet bei anderen nicht viel Verständnis für ihre Entscheidung.
ⓒ hat ein schlechtes Gewissen gegenüber den Großeltern.

7 Seit sie kein Auto mehr haben,

ⓐ mieten sie am Wochenende häufig einen Linienbus für sich allein.
ⓑ regen sich die Schüler über ihren Lehrer im Bus auf.
ⓒ weiß der Vater, schon bevor er zur Schule kommt, meist viel Neues.

8 Von ihren Freunden

ⓐ findet keiner die Entscheidung, ohne Auto zu leben, gut.
ⓑ haben alle irgendeine Ausrede, warum sie nicht auf das Auto verzichten können.
ⓒ wollen viele die Kraftwerke und Flugzeuge abschaffen, um die Umwelt zu schonen.

9 Neu ist jetzt für die Familienmitglieder,

ⓐ dass sie zwar mehr Zeit für alles brauchen, aber auch Geld sparen.
ⓑ dass die Kinder durch die Hilfe beim Einkaufen kräftiger geworden sind.
ⓒ dass sie mit dem Bus zu einem anderen Großmarkt zum Einkaufen fahren.

10 In der letzten Zeit

ⓐ sind sie nicht mehr so sicher, ob ihre Entscheidung richtig war.
ⓑ bemerken sie, dass die Umwelt immer stärker belastet wird.
ⓒ wünschen sie sich oft, dass mehr Menschen auf öffentliche Verkehrsmittel umsteigen.

P

LESEVERSTEHEN 3

TIPP: *Zuerst die Aufgabe, dann den Text*
Lesen Sie die fünf Personenbeschreibungen sehr genau. Markieren Sie darin die sinntragenden Wörter, z.B. „Prominenten-Bar, „vom Wasser aus, alternative Energieversorgung, ...“. Lesen Sie die Texte nur so weit, bis Sie den passenden gefunden haben.

Lesen Sie zuerst die Sätze 11–20, dann die Texte a–l. Welcher Text passt zu welcher Person? Jeder Text passt nur einmal. Markieren Sie x, wenn es keinen passenden Text

11 Herr Richter möchte nach dem Essen in eine Prominenten-Bar.

12 Bärbel P. möchte Hamburg vom Wasser aus kennenlernen und unterstützt Projekte für alternative Energieversorgung und -gewinnung.

13 Frau Herrmann mag „alternative“ Lokale, die nicht unbedingt schön sein müssen.

14 Markus Baumeister ist Student und sucht einen Nebenjob zur Finanzierung seines Sportwagens.

15 Sabine Lang und Klaus Heldinger kleiden sich gern schrill und suchen ein Lokal, in dem auch Bands auftreten.

16 Herr York sucht eine gemütliche Berliner Kneipe mit freundlicher, guter Bewirtung.

17 Frau Prause möchte ihrer Stimme gern mehr Ausdruck verleihen und interessiert sich für verschiedene Formen des Theaterspielens.

18 Paul T. findet alles Neue reizvoll und hat Lust auf eine ganz ungewöhnliche aber nicht zu anstrengende Art der Stadterkundung.

19 Frauke Heinrich sucht nach dem Abitur einen krisensicheren, karriere-orientierten Arbeitsplatz und ist auch bereit, berufsbezogen zu lernen.

20 Herr und Frau Meichsner interessieren sich für die Aufführungen von wichtigen Dramen und für die Personen, die daran mitwirken.

a

Wild at Heart

Das Wild At Heart ist eine Punk-Kneipe und Konzertstätte in Kreuzberg. Sie lohnt definitiv einen Besuch, auch als Nicht-Punk fühlt man sich hier wohl. Vor 22 Uhr sollte man nicht kommen, dann ist noch nichts los. Mehrere Tage in der Woche gibt es internationale Liveacts. Fast alles, was Rang und Namen in der Szene hat, ist hier schon aufgetreten. Die Einrichtung ist stilgemäß schlicht, die Barkeeper und tatsächlich sehr viele Gäste sind als Punks oder Rockabillies gekleidet. Das Bier wird schnell und fair gezapft, die Preise bewegen sich im normalen Berliner Rahmen.

b

Sprache als Selbstausdruck + Hörspielseminar

Wenn die Worte von Herzen kommen, sitzt auch die Stimme gut. Geboten werden interessante Übungen, die Spaß bereiten und die Ihr Herz zum Sprechen bringen, damit Ihre Stimme klingt. Auch Ihre Artikulation präzisiert sich. Richtiges Atmen gehört selbstverständlich dazu. Im zweiten Teil unseres Hörspielseminars können Sie dann Theater spielen, ohne Text zu lernen. Das Hörspiel bietet Ihnen die Möglichkeit, mit dem Textbuch in der Hand zu spielen. Sie brauchen keine Angst vor „Hängern" oder „Versprechern" zu haben; die entsprechende Szene wird eben einfach wiederholt.

c

Hamburg mit dem Segway entdecken

Sie wollen Hamburg live entdecken und nicht nur durch eine Fensterscheibe sehen? Sie wollen alles hautnah erkunden, aber keinen Wandertag einlegen müssen? Dann nehmen Sie doch an einer Segway-Citytour teil! Schweben Sie mit dem Segway, einem der modernsten Fortbewegungsmittel, durch Hamburg. Auf der geführten Tour erhält jeder Gast seinen eigenen Segway und vorab eine gründliche Einweisung. Danach fahren Sie zwei Stunden lang sicher durch Hamburg und seine reizvollsten Ecken. Das Segwayfahren ist kinderleicht und so erleben Sie einen unvergesslichen Tag. Begleitet wird die Tour von erfahrenen Tourguides und einer perfekten Soundkulisse über ein Audiosystem.

Kosten: 58,– Euro, Gruppen ab vier Personen 48,– Euro;
Tourdauer: 3 Stunden (inkl. 30-minütiger Einweisung);
Mindestalter: 16 Jahre.

d

WOHNZIMMER

Nun gibt es ja im Prenzlauer Berg zahllose mit Sperrmüllmobiliar eingerichtete Bars und Cafés, aber das Wohnzimmer übertrifft hier alles. An den Wänden finden sich noch Reste der alten Innenausstattung des ehemaligen Wohnhauses, Kacheln, Waschbecken, unsäglich geschmacklose Tapeten. In durchgesessenen Sofagruppen findet man die Gäste bei entspannter Konversation, nicht selten auch auf Spanisch oder Englisch.

e

David

WIR SIND EIN DYNAMISCHES UNTERNEHMEN IM YOUNG FASHION-BEREICH.
WIR SUCHEN FÜR UNSEREN SHOWROOM EINE/N

VERKAUFSASSISTENT/IN

ZUR VERSTÄRKUNG DES VERKAUFSTEAMS. SIE HABEN EINE FUNDIERTE BERUFSAUSBILDUNG SOWIE EDV-KENNTNISSE, SIND SCHON HEUTE IM VERKAUF ERFOLGREICH TÄTIG, NEUKUNDEN-AKQUISITION IST FÜR SIE KEIN FREMDWORT, DER UMGANG MIT KUNDEN IST IHNEN VERTRAUT UND SIE HABEN EIN ÜBERDURCHSCHNITTLICHES GESPÜR FÜR MODE UND TRENDS. WENN SIE DIESE CHANCE REIZT, IN EINEM ERFOLGREICHEN UND JUNGEN TEAM MITZUARBEITEN, BITTEN WIR UM IHRE AUSSAGEFÄHIGE SCHRIFTLICHE BEWERBUNG MIT LICHTBILD AN DIE UNTEN STEHENDE ANSCHRIFT.

DAVID SHOWROOM · Z.HD. REINER WINTER
FASHION ATRIUM RAUM 116 · NEUBIBERGER STR. 44 · 81737 MÜNCHEN

f

Die KV ist mit über 2,6 Mio. Versicherten Europas führender Spezialist für die private Krankenversicherung. Wir expandieren weiter und suchen Sie als Kaufleute für den Vertrieb.

Mitdenken, Mitwachsen, Mitverantworten

- Sie haben Interesse am Verkauf.
- Sie verfügen über Engagement, denken unternehmerisch und handeln zielorientiert.
- Sie haben Motivation, sich zum Leiter des eigenen Versicherungsfachgeschäftes zu entwickeln.

Wir vermitteln Ihnen während einer fundierten 12-monatigen Ausbildung zum/zur geprüften Versicherungsfachmann/-fachfrau die Grundlage für Ihre Tätigkeit.

Reizt Sie diese Herausforderung?
Dann freuen wir uns auf Ihre Bewerbung.
Ihr Ansprechpartner ist Herr Schön unter Telefon 089/ 5 14 07-854

Geschäftsstelle München
Kaiser-Ludwig-Str. 11 · 80336 München

KV
Krankenversicherung AG
Die Nr. 1 unter den Privaten.

g

Ausgewählte Inszenierungen

Die Kammerspiele und das „Resi" (Residenztheater) sind die beiden führenden Sprechtheater Münchens. Wir haben die Möglichkeit, vier Aufführungen zu besuchen – darunter Neuinszenierungen klassischer Stücke wie etwa Lessings „Nathan der Weise" – und mit Schauspielern, Dramaturgen und Regisseuren über die Inszenierungen zu sprechen. Die Theaterbesuche werden vor- und nachbereitet.

Ausgewählte Inszenierungen

h

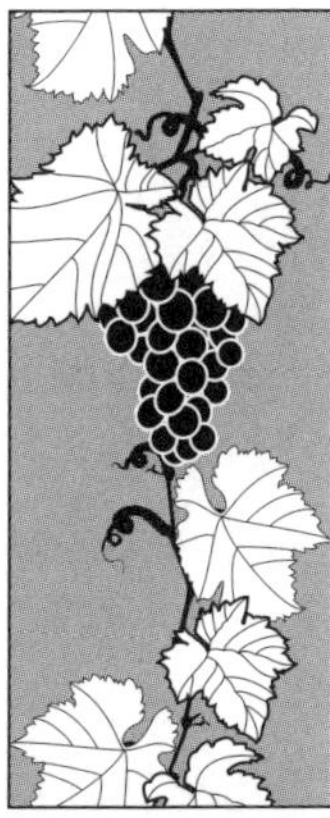

Lutter & Wegner
Gendarmenmarkt

Früher stand das Restaurant zwei Straßenecken weiter, besucht von Schriftstellern, Schauspielern und Operettenstars. Es war bekannt für seinen Weinkeller und als Lieferant der preußischen Kronprinzen. Die Bomben des Zweiten Weltkriegs zerstörten das Restaurant. Seit 1997 gibt es das Restaurant wieder am Gendarmenmarkt. Nach dem Essen kann man in edle Bars schlendern und sich zudem an dem einzigartigen Panorama erfreuen. Mit etwas Glück trifft man hier bekannte Politiker oder andere bekannte Stars.

i

Fleet-Fahrten

Von der Hamburger Binnenalster durch die Rathaus- und die Schaartorschleuse in die Hafenelbe. Die Fleete der Elbe werden begrenzt durch die alten Handelshäuser und Speicher. Die Speicherstadt ist ein riesiges Warenlager für Teppiche, Gewürze, Kaffee, Tabak etc. Die Speicher könnten auch von der Wasserseite beliefert werden. Abfahrt Jungfernstieg, Dauer circa zwei Stunden. Von Anfang April bis Ende Oktober täglich 10.45, 13.45, 16.45 Uhr. Erwachsene 14,50 Euro. Kinder 7,– Euro.

j

Hans Nauhaner sucht

zur Verstärkung des Neuwagenverkaufsteams einen Profi als

Automobilverkäufer/in

Wir erwarten Erfahrung im Verkauf, Teamgeist, sympathisches Auftreten, Abschlusssicherheit sowie selbstständiges Handeln und Zielstrebigkeit, um unsere Marktposition weiter auszubauen. Haben Sie Interesse an dieser abwechslungsreichen Position, dann senden Sie Ihre Bewerbungsunterlagen an Herrn Siegfried König. Wir werden uns mit Ihnen in Verbindung setzen, da wir diese Stelle schnellstens besetzen werden.

Hans Nauhaner GmbH
Leonrodplatz 1, 80636 München, Tel. 089/ 17 30 536

k

Solarkatamaran „Alstersonne"

Der durch Sonnenenergie angetriebene und somit fast lautlose Solarkatamaran ist seit 1999 im Einsatz und bietet Platz für 100 Personen. Bei klarem Himmel spiegeln sich die Sonnenstrahlen in dem 27 Meter langen Edelstahlschiff wider, über dem sich ein Runddach mit 80 Quadratmetern Solarzellen wölbt. Ziehen Wolken auf, kann das emissionsfreie High-Tech-Schiff mithilfe des Antriebs des Batteriespeichers noch 120 Kilometer über die Hamburger Alster gleiten.

Abfahrt ist – nicht nur bei Sonnenwetter – alle 30 Minuten ab Jungfernstieg. Die Dauer der Fahrt beträgt circa 50 Minuten.

Bis Anfang Oktober: täglich 10.00 bis 18.00 Uhr.

l

Zum Stammtisch

Der Stammtisch sieht von außen wie ein typischer „Stammtisch" aus – mit typischen Kneipenattributen ausgestattet: Mit Bierreklame, Grünpflanzen an gardinenverhangenen Fenstern wirkt er für Nichteingeweihte nicht sehr einladend. Dieser erste Eindruck täuscht! Wer erst einmal das Urberliner Wirtsehepaar Regina und Klaus kennengelernt hat, wird immer wieder gern dort einkehren. Beide geben den Gästen das Gefühl, sie schon ewig zu kennen und wissen spätestens beim zweiten Besuch genau, was man gerne trinkt oder isst.

Sprachbausteine 1

Lesen Sie den folgenden Text und entscheiden Sie, welches Wort (a, b oder c) in die Lücke passt.

Ihre Bewerbung
vom 12.7. um die Stelle als Bereichsleiterin

[21] Frau Konrad,

herzlichen Dank für [22] Bewerbung. Die Zeugnisse und Unterlagen, die Sie uns geschickt hatten, haben einen guten Eindruck auf uns [23], und wir möchten Sie deshalb zu einem Vorstellungsgespräch einladen.

In diesem Gespräch würden wir Sie gern mit unserem Unternehmen [24] machen und uns mit Ihnen über Ihre Bewerbung unterhalten.

Als Termin schlagen wir Mittwoch, den 28. Juli [25]. Wenn Ihnen dieser Tag nicht zusagt, kontaktieren Sie bitte meine Sekretärin, Frau Huber und [26] mit ihr einen Termin.

Wegen der langen Anfahrt [27] es ratsam, am Vortag anzureisen. Frau Huber wird Ihnen gern ein Hotelzimmer reservieren. [28] sind Sie unser Gast. Zur Erstattung der Reisekosten haben wir diesem Schreiben ein entsprechendes Formular beigelegt und bitten Sie, uns dieses nach der Reise ausgefüllt [29].

Wir freuen uns auf Ihren Besuch und [30] Ihnen eine angenehme Anreise.

Mit freundlichen Grüßen

Hanna Mayer

Geschäftsführerin

21 ⓐ Sehr geehrte ⓑ Sehr verehrte ⓒ Verehrte

22 ⓐ Seine ⓑ ihre ⓒ Ihre

23 ⓐ erweckt ⓑ gemacht ⓒ hinterlassen

24 ⓐ verbunden ⓑ vertraulich ⓒ bekannt

25 ⓐ auf ⓑ nach ⓒ vor

26 ⓐ bestellen ⓑ vereinbaren ⓒ besprechen

27 ⓐ war ⓑ wäre ⓒ würde

28 ⓐ Möglicherweise ⓑ Selbstverständlich ⓒ Wahrscheinlich

29 ⓐ zurückzuschicken ⓑ zurück schicken ⓒ zu verschicken

30 ⓐ hoffen ⓑ erwarten ⓒ wünschen

Sprachbausteine 2

Lesen Sie den Text und entscheiden Sie, welches Wort (a–o) in die Lücken 31–40 passt. Sie können jedes Wort nur einmal verwenden. Nicht alle Wörter passen in den Text.

Der neue Trend: Tausche Nachhilfe gegen Haarschnitt

Gegenseitige Dienstleistung hilft Münchnern Geld sparen

Ihre Währung heißt „Kirchheimer" oder „Isartaler" und existiert **[31]** auf dem Papier. Sie ist Zahlungsmittel für eine ganz besondere Nachbarschaftshilfe: LETS heißt sie. Das **[32]** wörtlich aus dem Englischen übersetzt: „lokales Tausch- und Handelssystem". Was dahintersteckt, ist ganz einfach. Zum Beispiel: Sie brauchen dringend jemanden, der Ihren Wasserhahn repariert, bezahlen können Sie **[33]** mit Kinderhüten. Sie müssen allerdings nicht bei demjenigen babysitten, der Ihnen den gerichtet hat, das **[34]** der Tauschring. In München **[35]** er vor eineinhalb Jahren von Lothar Mayer ins Leben gerufen. Mittlerweile bilden sich in den einzelnen Stadtteilen oder Gemeinden im Landkreis Teilgruppen. **[36]** man hat festgestellt, dass das System „Arbeit gegen Arbeit" prima klappt, aber am besten im kleinen Rahmen. So läuft es ab: Bei einem Mitgliedertreffen am letzten Montag gibt es neue Listen mit **[37]** und Gesuchen. Jedes Mitglied bietet an, was es am besten kann: Hilfe am Computer oder bei der Steuererklärung gibt es ebenso wie Gitarrenunterricht oder Tapezieren. Abgerechnet wird mit einem Zeitsystem.

„Man muss sich kennen, um einander **[38]** zu können, das ist das Geheimnis", sagt Lothar Mayer. Der Dolmetscher hat das Tauschsystem bei einem Englandurlaub kennengelernt. Er selbst bietet sich als **[39]** Englischlexikon an und nutzt den Tauschring zur Kinderbetreuung oder für die Einkäufe im Krankheitsfall. **[40]** sich für die Tauschringe interessiert, kann anrufen unter der Nummer ...

a falschen	b das	c denn	d daran
e nur	f helfen	g hat	h Angeboten
i wen	j organisiert	k wer	l lebendes
m Anrufen	n bedeutet	o wurde	

HÖRVERSTEHEN 1

TIPP: *Vor dem Hören*
Da Sie die Höraufgabe nur einmal hören, ist es sehr wichtig, die Lesezeit vor dem Hören zu nutzen. Markieren Sie beim Lesen die wichtigen Wörter in den Aussagen 1–5.

TIPP: *Beim Hören*
Wichtiges vom Unwichtigem unterscheiden – im Hörtext werden diese „Inhaltsträger" häufig in anderen Worten ausgedrückt. Erwarten Sie also nicht, dass Sie genau dieses Wort hören, sondern diese Bedeutung!
Mut zur Lücke – Sie hören die Texte nur einmal. Dabei kann es leicht passieren, dass Sie eine Information nicht mitbekommen. Halten Sie sich nicht zu lange mit dieser Lücke auf! Sonst verpassen Sie vielleicht weitere Informationen.

CD, Track 1

P

Lesen Sie zuerst die Aussagen 41–45. Hören Sie dann die Nachrichtensendung einmal und entscheiden Sie, ob die Aussagen richtig (+) oder falsch (–) sind.

		+	–
41	Bei der Festnahme von zwei Geiseln gab es einen Toten und zwei Verletzte.	☐	☐
42	Die neuen Rechtschreibregeln haben wesentlich weniger Kommaregeln.	☐	☐
43	Man weiß noch nicht, wie das Feuer genau entstanden ist.	☐	☐
44	Der Bierkonsum in Bayern ist aufgrund einer deutlichen Bierpreiserhöhung gesunken.	☐	☐
45	Ein Autofahrer wurde in Berlin bei einem Unfall leicht verletzt.	☐	☐

HÖRVERSTEHEN 2

TIPP: *Vor dem Hören – Orientierung durch die Aufgaben*
Nutzen Sie die Zeit zum Lesen der Aufgaben vor dem Hören. Markieren Sie die Schlüsselwörter, z.B: berufstätig, arbeitslos, eigene Wohnung, ist nie da, keine Geldbörse, ... Auf diese Weise erhalten Sie bereits wichtige Informationen darüber, worüber im Text gesprochen wird.
Wenn Sie eine Textstelle beim Hören nicht verstehen, lassen Sie die Aufgabe zunächst aus. Kreuzen Sie am Ende aber unbedingt die Lösung an, die Ihnen wahrscheinlicher vorkommt – die Chance, dass Sie richtig raten, liegt bei 50%!

CD, Track 2

Lesen Sie zuerst die Aussagen 46–55. Hören Sie dann das Interview einmal und entscheiden Sie, ob die Aussagen richtig (+) oder falsch (–) sind.

		+	–
46	Sie ist berufstätig und verdient viel Geld.	☐	☐
47	Sie ist arbeitslos.	☐	☐
48	Sie hat eine eigene Wohnung, aber sie ist nie da.	☐	☐
49	Sie bietet anderen Menschen Dienstleistungen an, z.B.: Babysitten.	☐	☐
50	Sie hat ein Buch mit dem Titel „Das Sterntaler-Experiment" geschrieben.	☐	☐
51	Sie fühlt sich abhängig von anderen Menschen.	☐	☐
52	Sie besitzt keine Geldbörse.	☐	☐
53	Sie ist nicht prinzipiell gegen Geld.	☐	☐
54	Sie möchte, dass andere Menschen auch auf Geld verzichten.	☐	☐
55	Es ist ihr wichtiger, sich sinnvoll zu betätigen, als viele Dinge zu kaufen.	☐	☐

P

HÖRVERSTEHEN 3

TIPP: *Unterstreichen Sie vor dem Hören wieder die Schlüsselwörter in den Aussagen 1–5. Achten Sie beim Hören wiederum darauf, ob die sinntragenden Wörter eventuell im Hörtext mit anderen Worten wiedergegeben werden.*
Konzentrieren Sie sich während des Hörens auch auf Quantitäts- und Qualitätsangaben wie z.B. ***die nächsten drei Wochen, immer gleich viel*** *oder* ***schnell entscheidet – weniger bezahlen, ...***
Auch hier gilt: Am Ende auf jeden Fall eine Lösung markieren, auch wenn Sie nicht ganz sicher sind.

CD, Track 3

Lesen Sie zuerst die Aussagen 56–60. Hören Sie dann fünf kurze Aussagen einmal und entscheiden Sie, ob die Aussagen richtig (+) oder falsch (–) sind.

		+	–
56	Die Aufführungen der „Hochzeit des Figaro" fallen in den nächsten drei Wochen aus.	☐	☐
57	Das Telefonieren in verschiedene Mobilfunknetze kostet immer gleich viel.	☐	☐
58	Wer sich schnell für einen Kurs entscheidet, muss weniger dafür bezahlen.	☐	☐
59	Es ist noch nicht sicher, ob die nächste Blade-Night gefahren wird.	☐	☐
60	Die Gastfamilie sollte auf jeden Fall Französisch sprechen.	☐	☐

SCHRIFTLICHER AUSDRUCK

Wählen Sie aus zwei Themen ein Thema aus. Entscheiden Sie schnell, denn die zur Verfügung stehende Zeit ist auf 30 Minuten begrenzt.

1. Thema: Leserbrief

Was Auto-Mobilität wirklich für unsere Gesellschaft bedeutet

A

„Der Straßenverkehr richtet Millionenschäden an. Wir alle müssen deshalb umdenken."

Alternativen zum motorisierten Individualverkehr müssen vor allem in den Städten gefunden werden.

B

„Jeder hat das Recht auf ein eigenes Auto!"

Mobilität ist ein Zeichen von persönlicher Freiheit und Individualität. Das Auto ist das einzige Fortbewegungsmittel, mit dem jeder Mensch zu jeder Zeit, gemeinsam mit mehreren anderen Menschen, fast jeden Ort nach seinem Fahrplan erreichen kann.

C

„Ökonomie vor Ökologie!"

Wenn weniger Autos gekauft werden, geht es uns in Deutschland allen wirtschaftlich schlechter. Wir müssen deutlich machen, dass die Automobilindustrie eine Schlüsselindustrie ist.

Nehmen Sie in einem Leserbrief an die Redaktion der Zeitschrift Stellung zu dem Thema. Ihr Brief sollte mindestens zwei der folgenden Punkte sowie einen weiteren Aspekt enthalten:

- *welches der Statements A, B oder C Ihnen sympathisch ist und warum,*
- *welche der Meinungen Sie ablehnen,*
- *warum Sie schreiben,*
- *wo Sie Möglichkeiten für einen Kompromiss sehen.*

Bevor Sie schreiben, überlegen Sie sich eine passende Reihenfolge der Punkte, eine passende Einleitung und einen passenden Schluss. Vergessen Sie nicht Absender, Anschrift, Datum, Betreffzeile, Anrede und Schlussformel. Sie haben 30 Minuten Zeit, den Brief zu schreiben. Schreiben Sie 150–200 Wörter.

2. Thema: Beschwerdebrief

Lesen Sie folgendes Angebot bei einem Online-Versteigerer:

Kauf mich! - Das Internet-Auktionshaus

Startseite | Ein-/Ausloggen | Meine Auktionen | Mitglieder | AGB | Hilfe

Dell Notebook Athlon XP 2000+, 512 MB

Aktuelles Gebot:	**240,09 EURO** inkl. MwSt
Angebotsende:	**Beendet** (24.06.07 15:43:24 MESZ)
Versandkosten:	**15,00 EURO** Versicherter Versand Service nach: Deutschland
Versand nach:	**nur Deutschland**
Übersicht:	17 Gebot(e)
Höchstbietender:	mustermann

Zustand: Generalüberholt
Festplattenkapazität: 40 GB
Marke: DELL
Arbeitsspeicher (RAM): 512 MB
Bauart: **Standard-Notebook**
Internes Laufwerk: CD-RW/DVD-ROM
Bildschirmgröße: 15 Zoll
Gewicht: 2,8 kg

Prozessortyp: Mobile AMD Athlon XP 2000+
Prozessorgeschwindigkeit: 1660 MHz

Ausstattungsmerkmale:
10/100 LAN-Karte, IEEE 1394-Firewire, Grafik on Board, Betriebssystem, USB 2.0, USB 1/1.1, Modem

Bei einem Online-Auktionshaus haben Sie oben angebotenen Computer zu einem günstigen Preis ersteigert und auch das Geld überwiesen. Aber das Gerät funktioniert nicht einwandfrei. Es kam beschädigt bei Ihnen an. Außerdem wurden nicht alle Teile des Zubehörs mitgeliefert.
Schreiben Sie eine Reklamation per E-Mail an das Auktionshaus und beschweren Sie sich. Ihr Brief sollte mindestens zwei der folgenden Punkte und einen weiteren Aspekt enthalten:

- *Ihre Forderung (Teil des Geldes zurück oder ...),*
- *Zustand der gelieferten Ware,*
- *Erwartungen nach Lesen des Angebots,*
- *Grund des Schreibens.*

Bevor Sie den Brief schreiben, überlegen Sie eine passende Reihenfolge der Punkte, eine passende Einleitung und einen passenden Schluss. Vergessen Sie nicht Absender, Anschrift, Betreffzeile, Anrede und Schlussformel. Schreiben Sie 150–200 Wörter.

P

MÜNDLICHER AUSDRUCK

Teil 1: Präsentation

Sie sollen kurz Ihrem Partner/Ihrer Partnerin eines der folgenden Themen präsentieren. (Die Stichworte in Klammern können Ihnen dabei helfen.) Sie haben dazu ca. zwei Minuten Zeit. Nach Ihrer Präsentation beantworten Sie die Fragen Ihres Partners/Ihrer Partnerin.

Nachdem Ihr Partner/Ihre Partnerin ebenfalls sein/ihr Thema präsentiert hat, stellen Sie ihm/ihr einige Fragen, die Sie interessieren.
Während der Präsentation unterbrechen Sie Ihren Partner/Ihre Partnerin möglichst nicht.

- Ein Buch, das Sie gelesen haben (Thema, Autor, Ihre Meinung usw.)

oder

- einen Film, den Sie gesehen haben (Thema und Handlung, Schauspieler, Ihre Meinung usw.)

oder

- eine Reise, die Sie unternommen haben (Ziel, Zeit, Land und Leute, Sehenswürdigkeiten usw.)

oder

- eine Musikveranstaltung, die Sie besucht haben (Musikrichtung, Musiker, Ort, persönliche Vorlieben usw.)

oder

- ein Sportereignis, das Sie besucht haben (Sportart, Ort, Personen, Ereignis usw.).

Teil 2: Diskussion

TIPP: ***Vor der Prüfung***
Wiederholen Sie vor der Prüfung die wichtigsten Redemittel zu „Inhaltswiedergabe", „Meinungsäußerung" und „Diskussion":
- *In dem Text geht es um ...*
- *Der Autor meint, dass ...*
- *Interessant finde ich dabei, ...*
- *Dazu fällt mir ein, dass ...*
- *Meiner Meinung nach dürfen/sollen ...*
- *Dieses Problem ist nur zu lösen, wenn ...*

...

Lesen Sie folgenden Text aus einer Zeitschrift. Diskutieren Sie mit Ihrem Partner/Ihrer Partnerin über den Inhalt des Textes, bringen Sie Ihre Erfahrungen ein und äußern Sie Ihre Meinung. Begründen Sie Ihre Argumente. Sprechen Sie über mögliche Lösungen.

Gewalt im Kinderzimmer

„Extrem gewalttätige" oder „gewaltbeherrschte" Computer- und Videospiele sollen, wenn es nach der Bundesfamilienministerin und ihrem nordrhein-westfälischen Kollegen geht, in Zukunft für Jugendliche verboten sein. Bisher galt das nur für explizit „gewaltverherrlichende" Spiele. Was genau mit „gewaltbeherrscht" gemeint ist, wird noch zu definieren sein. Je nach Auslegung kann sich das auf die Hälfte aller gängigen Computerspiele in deutschen Kinderzimmern beziehen. Schaut man sich allerdings die Praxis

der Altersbeschränkungen in Deutschland an, so dürfte die Schwelle für ein Verbot eher hoch liegen, was den Vorstoß praktikabler und realistischer macht.
Aber wie jedes Mal, wenn eine stärkere Indizierung oder gar ein totales Verbot der sogenannten Killerspiele diskutiert wird, ist der Hohn und das Gelächter groß: Das nützt doch sowieso nichts, heißt es dann, jeder clevere 13-Jährige kann sich die schauerlichsten Spiele aus dem Internet herunterladen, und überhaupt funktioniert freiwillige Selbstkontrolle und Jugendschutz in Deutschland ohnehin besser als anderswo. Warum also ein Gesetz verschärfen, das leicht zu umgehen ist? Gegenfrage: Warum sollte der Gesetzgeber klein beigeben und auf rigide Vorgaben verzichten, wo er sie für richtig und nötig hält – nur weil die Umsetzung eines Gesetzes schwierig ist? Wäre das Argument der Verbotsgegner richtig, dürfte man auch die Nutzung und Verbreitung von Kinderpornographie im Netz nicht verbieten.
Nein, der Vorstoß der Familienministerin ist richtig, weil ein Zeichen gesetzt, ein Bewusstsein verstärkt wird – und weil im besten Falle die Hemmschwelle steigt, mit der Brutalospiele über die Ladentheke gehen.

P

Teil 3: Problemlösung

TIPP: ***Vor der Prüfung***
In diesem kurzen Gespräch steht die Interaktion im Mittelpunkt. Die Prüfungsteilnehmer sollen gemeinsam eine Aufgabe lösen. Wiederholen Sie deshalb vor der Prüfung die wichtigsten Redemittel zum Thema: „etwas aushandeln".

Vorschläge machen:
- *Ich schlage vor, wir ...*
- *Wir könnten vielleicht ...*
- *Wie finden Sie die Idee ...*
- *Was halten Sie davon, wenn wir ...*

auf Vorschläge positiv reagieren:
- *Das ist eine gute Idee.*
- *Der Vorschlag gefällt mir.*

auf Vorschläge negativ reagieren:
- *Ich würde gern einen anderen Vorschlag machen.*
- *Ich hätte vielleicht eine bessere Idee.*

sich einigen:
- *Ja gut, so machen wir das.*
- *Schön, lass uns gleich anfangen.*

Sie möchten mit einigen Teilnehmern aus Ihrem Sprachkurs eine 3-tägige Reise mit dem Fahrrad durch eine schöne Landschaft in Deutschland oder Ihrem Heimatland machen. Planen Sie gemeinsam den Aufenthalt der Gruppe.

Wenn Sie aus unterschiedlichen Heimatländern kommen, einigen Sie sich bitte ganz schnell auf ein Reiseziel.

Überlegen Sie, wie weit Sie täglich fahren möchten, was Sie dabei eventuell besichtigen können und wo und wie Sie übernachten wollen. Wie sieht das optimale Reisegepäck aus?

TRANSKRIPTIONEN

Hörverstehen 1

1 – *Karlsruhe:* Gestern Abend nahmen zwei Männer, die mit einem gestohlenen Fahrzeug unterwegs waren, auf der Flucht vor der Polizei in der Nähe von Pforzheim einen Autofahrer als Geisel in ihre Gewalt. Bei einem Schusswechsel mit den Polizisten wurde einer der Täter getötet. Die Geisel erlitt schwere Verletzungen. Der zweite Verbrecher konnte zunächst fliehen, wurde aber wenig später nahe der Autobahn gefasst.

2 – *Wien:* Nach mehr als 10 Jahren Vorbereitung kann die Reform der deutschen Rechtschreibung nun in Kraft treten. Vertreter Deutschlands, Österreichs, der Schweiz und Liechtensteins unterzeichneten in Wien eine entsprechende Erklärung. Auch Repräsentanten der deutschen Minderheiten in Südtirol, Belgien, Ungarn und Rumänien setzten ihre Unterschriften unter das Reformpaket. Später wollen sich auch Frankreich, Dänemark und Luxemburg dem Vertrag anschließen. Von den 212 Paragraphen zur korrekten Schreibweise bleiben künftig nur noch 112 übrig. Allein von den 52 Kommaregeln werden 43 gestrichen.

3 – *Aschaffenburg:* Um 9 Uhr ist am Vormittag in einer Lackfabrik am westlichen Stadtrand von Aschaffenburg ein Feuer ausgebrochen, wenig später stand sie in hellen Flammen. Alle verfügbaren Kräfte der Feuerwehr wurden eingesetzt, die Anwohner mussten Türen und Fenster schließen. Die Feuerwehr hat die Lage mittlerweile unter Kontrolle. Zwei Personen seien leicht verletzt worden, hieß es in einer ersten Bilanz. Die Größe des entstandenen Sachschadens ist derzeit noch nicht bekannt, ebenso wenig die Ursache des Brandes.

4 – *München:* Eine Erhöhung der Bierpreise zeichnet sich derzeit nicht ab. Der Präsident des bayerischen Brauerbundes Schneider wies in einer Pressekonferenz allerdings darauf hin, dass sich größere Lohnerhöhungen auf den Preis auswirken könnten. Insgesamt sind im letzten Jahr in Bayern über 27 Millionen Hektoliter Bier hergestellt worden. Am beliebtesten ist nach wie vor das Helle, stark auf dem Vormarsch ist das Weißbier.

5 – *Berlin:* In der Innenstadt kam es gestern Nachmittag zu einem denkwürdigen Unfall: Ein stark angetrunkener Autofahrer kam von der Fahrbahn ab und demolierte mehrere seitlich geparkte Wagen. Als die Polizei zur Unfallstelle kam, schlief der Wagenlenker friedlich in seinem Fahrzeug und konnte nur mühsam geweckt werden. Im Blut des Autofahrers wurden 2,3 Promille Alkohol gemessen.

Hörverstehen 2

(■ = Moderator, ● = Frau)

■ Wie zahlen Sie Ihre Miete?

● Die ersten zwei Jahre habe ich nur in Wohnungen gewohnt, deren Besitzer gerade verreist waren, und habe das Haus gehütet. Als Gegenleistung durfte ich umsonst wohnen und essen. So war ich mal hier, mal dort, wo ich eben gerade gebraucht wurde.

■ Und heute?

● Da habe ich mehrere Möglichkeiten. Ich habe den Schlüssel zu einem Büro, da kann ich immer hin. Dann habe ich noch den Schlüssel zu der Wohnung einer Frau, die so gut wie nie da ist. Seit drei Jahren pflegt sie ihre todkranke alte Mutter, muss rund um die Uhr bei ihr sein, und so steht ihre Wohnung quasi leer. Als ich davon gehört habe, schlug ich vor, bei der Pflege der Mutter zu helfen und dafür bei ihr schlafen zu dürfen. Sie hat keine Mehrausgaben durch mich – außer dem Bett benutze ich nichts.

■ Fehlt Ihnen nicht das eigene Bett?

● Dafür habe ich heute so viel mehr, was ich früher nicht hatte: Kontakte, für mich das Wichtigste überhaupt. Einmal die Woche gehe ich zu einer Familie und bringe da die Kinder ins Bett. Die Eltern bekommen einen freien Abend, ich Übernachtung, Abendbrot, Frühstück und meine Wäsche kann ich auch dort waschen. Und am Wochenende bin ich immer bei einer Frau, die im Rollstuhl sitzt.

★★★★★

- ■ Was haben Sie eigentlich gegen Geld?
- ● Wieso? Ich verteufle Geld ja nicht oder sage, alle sollen ohne Geld leben. Mir missfällt aber, was wir daraus gemacht haben. Geld ist heute mehr als ein Tauschmittel – es definiert den Wert des Menschen. Habe ich viel, bin ich auch viel wert.
- ■ Ziemlich radikal, da gleich ganz auf Geld zu verzichten.
- ● Ursprünglich war es nur als Experiment von einem Jahr geplant, doch dann habe ich gemerkt, wie mein Leben dadurch gewinnt, und bin dabei geblieben. Mir geht es darum, die Kluft zwischen Arm und Reich zu überwinden. In Dortmund, wo ich lebe, gibt es viel Armut, viele Obdachlose.
  Mir ist das immer sehr nahe gegangen, und eines Tages hörte ich im Radio von einem Tauschring in Kanada. In einem Dorf war eine Fabrik eingegangen, alle Bürger wurden arbeitslos. Die haben sich dann gegenseitig geholfen durch Tausch: Ich repariere dir dein Dach, du passt auf mein Baby auf. Das fand ich einleuchtend und so habe ich selbst einen Tauschring gegründet, die Gib-und-Nimm-Zentrale. Und um zu beweisen, dass es funktioniert, habe ich beschlossen, ganz ohne Geld auszukommen.
- ■ Ist das nicht furchtbar kompliziert? Was machen Sie beispielsweise, wenn Sie ins Kino gehen wollen?
- ● Ich überlege mir, mit wem ich da hingehen könnte, und dann biete ich demjenigen etwas an, das ich im Gegenzug für ihn tun könnte.
- ■ Sie sind immer abhängig von anderen.
- ● Ich empfinde mich als unabhängiger als früher. Ich kann tun und lassen, was ich will. Jeden Morgen kann ich entscheiden, wie ich meinen Tag gestalte. Außerdem bedeutet Geld oft auch eine Trennung zwischen Menschen. Natürlich ist es angenehm, mit Geld zu bezahlen, aber es isoliert. Die Menschen gehen los, holen sich alles für Geld und haben den ganzen Tag keine Gespräche. Bei mir fängt es schon an, wenn ich nur mal mit der Straßenbahn fahren will. Ich habe die Nummern von fünf Leuten, die übertragbare Tickets haben. Die rufe ich an, frage, ob ich es leihen kann. Ich hole es ab: Kontakt. Ich bringe es zurück: Kontakt.
- ■ Jetzt haben Sie über Ihre Erfahrungen ein Buch geschrieben: „Das Sterntaler-Experiment", und dafür natürlich Geld bekommen. Was machen Sie damit?
- ● Vier Jahre lang habe ich ganz konsequent ohne Geld gelebt, habe keinen Pfennig angefasst – seit Neuestem besitze ich wieder ein Portemonnaie. Hin und wieder kaufe ich mir etwas, ich will nicht dogmatisch sein. Aber das meiste verschenke ich. Wenn ich jemanden sehe, der wirklich etwas braucht – alleinerziehende Mütter, Obdachlose, es gibt ja genug, die zu wenig haben –, denen gebe ich dann etwas.

★★★★★

- ■ Träumen Sie davon, dass alle so leben wie Sie?
- ● Nein, jeder muss seinen eigenen Weg finden. Es gibt ein solches Massenbewusstsein darüber, was im Leben wichtig ist: Schule, Abitur, Studium, ein guter Beruf, ein eigenes Haus, ein großes Auto ... Das mag ja für manche stimmen, aber doch nicht für jeden!
- ■ Wer nicht auf Geld verzichten will ...
- ● ... der kann klein anfangen. Er kann sich zum Beispiel bei jeder Sache, die er kaufen will, fragen: Brauche ich das wirklich? Ganz schnell wird er merken, dass man sich sehr viel Überflüssiges kauft, viel mehr Kleider zum Beispiel, als man tatsächlich bräuchte.
- ■ Aber gerade die Sachen, die man nicht unbedingt braucht, machen doch am meisten Spaß.
- ● Wenn es jemandem Spaß macht, Kleider zu kaufen, die nicht dringend nötig sind, dann ist das auch richtig für ihn – und dann braucht dieser Mensch das auch. Ich nicht.
- ■ Was ist Luxus für Sie?
- ● Alles. Dass ich jetzt hier sitze. Dass ich rund um die Uhr mit sinnvollen Dingen beschäftigt bin. Dass ich theoretisch jetzt ein paar Wochen nach Portugal fahren könnte, ein Haus hüten. Das wurde mir gerade angeboten, aber ich habe abgelehnt.

P

Hörverstehen 3

Aufgrund einer Erkrankung des ersten Tenors muss die Aufführung der „Hochzeit des Figaro" in der Hamburger Staatsoper heute Abend ausfallen. Bereits gekaufte Eintrittskarten können entweder zurückgegeben werden, oder für die Ersatzvorstellung am 17.7. verwendet werden. Bitte informieren Sie uns bis 30.6. per E-Mail an staatsoper@hamburg.de bzw. telefonisch unter 0 20-67 03 48, ob Sie eine Rückerstattung Ihrer Karte wünschen oder die Ersatzvorstellung besuchen wollen.

Unsere neuen Mobilfunktarife gelten ab 1.11. dieses Jahres: Eine Flatrate ins deutsche Festnetz kostet dabei nur 35 Euro pro Monat, netzinternes Telefonieren 5 Cent pro Minute. In andere deutsche Mobilfunknetze bezahlen Sie zwischen 12 und 25 Cent pro Minute und das bei einer Grundgebühr von 8,95 Euro. Zur Umstellung Ihres Tarifs wählen Sie einfach die kostenfreie Servicenummer 1152 oder benachrichtigen Sie uns per E-Mail.

Für verschiedene Sommer-Sprachkurse an unserem Institut gibt es noch freie Plätze. Italienisch auf dem Niveau B1 hat noch Kapazitäten frei. Der Kurs findet im August an drei Vormittagen pro Woche von 9–12 Uhr statt. Das Gleiche gilt für den Englisch-Konversationskurs sowie für den Chinesisch-Anfängerkurs. Diese finden jeweils an zwei Abenden pro Woche statt. Genauere Informationen erhalten Sie unter www.fit-in-Sprachen.de oder rufen Sie uns einfach an unter der Nummer: 0 40-35 62 51. Bei Anmeldung innerhalb der nächsten drei Tage erhalten Sie 10% Ermäßigung.

In München beginnt am kommenden Montag, den 9. Mai, die diesjährige Blade-Night. In der Zeit zwischen 20.00 Uhr und 23.00 Uhr werden dann bis 4. September bei schönem Wetter jeden Montag Tausende von Inline-Skatern durch Münchens Straßen rollen. Die befahrenen Strecken sind in der Zeit für den sonstigen Verkehr komplett gesperrt. Dabei wird zwischen fünf verschiedenen Routen abgewechselt. Am Montag steht die Strecke „Süd" auf dem Programm. Ob die Veranstaltung aus Witterungsgründen tatsächlich stattfindet, erfahren Sie unter der Servicenummer: 00934 - 1256 89.

Die Stadt Frankfurt sucht noch Gastfamilien für Austauschschüler aus ihrer französischen Partnerstadt Bourges. Willkommen sind vor allem Familien mit jugendlichen Kindern zwischen 13 und 17 Jahren, da die Austauschschüler in diesem Alter sind. Der Gast soll in den Sommerferien für 10 Tage aufgenommen und ins Familienleben integriert werden. Dass die Gastfamilie französisch spricht, ist allerdings nicht Voraussetzung. Im nächsten Jahr erhält ein Kind der Gastfamilie dann eine Gegeneinladung nach Bourges.

P

LÖSUNGEN

1	a	16	l	31	e	46	–
2	h	17	b	32	n	47	–
3	c	18	c	33	b	48	–
4	g	19	f	34	j	49	+
5	j	20	d	35	o	50	+
6	b	21	a	36	c	51	–
7	c	22	c	37	h	52	–
8	b	23	b	38	f	53	+
9	a	24	c	39	l	54	–
10	c	25	c	40	k	55	+
11	h	26	b	41	–	56	–
12	j	27	b	42	+	57	–
13	c	28	b	43	+	58	+
14	x	29	a	44	–	59	+
15	a	30	c	45	–	60	–

P

Für Ihre Notizen